les carnets
Aquarelle

n°31

peindre les
OISEAUX DU JARDIN
à l'aquarelle

Denis CHABAULT

SOMMAIRE

les carnets aquarelle

16

www.studiomags.com

Conception, textes et aquarelles de Denis CHABAULT

Autres publications disponibles sur notre site web : www.studiomags.com

Introduction

Les oiseaux du jardin

Esquisses

12

24

34

20

44

50

30

38

46

Les bases de l'aquarelle

La peinture à l'aquarelle nécessite de connaitre les bases techniques, et d'avoir aussi un matériel de qualité.

Fournitures

- 3 pinceaux à aquarelle, dont 1 gros, 1 moyen et 1 fin en poil de martre ou synthétique
- le papier aquarelle utilisé dans ce magazine est du MONTVAL 300 gr. (Canson)
- des crayons à papier
- des feuilles de papier calque pour transférer vos dessins
- 1 boite de pigments aquarelle en godet, ou bien en tube
- 1 gomme, 1 cutteur
- 2 pots à eau (l'un pour l'eau claire et l'autre pour rincer les pinceaux)

Faire vos esquisses et dessins sur un carnet à dessin, et non sur le papier aquarelle. Ce type de papier ne supporte pas les corrections successives. Donc, une fois votre dessin préparatoire terminé, il vous faut le transposer sur le papier aquarelle.

Posez un papier calque sur votre dessin, recopier les traits avec un crayon HB.
Ensuite, retournez la feuille de calque et repassez le dessin avec le crayon gras 4B.
Retournez de nouveau le calque et posez-le sur le papier aquarelle puis transférez le dessin avec un crayon HB.

Les différentes techniques

y a plusieurs façons de poser l'aquarelle sur le papier. Et la manière que vous utiliserez déterminera le
aractère de votre sujet.
es techniques présentées sur cette page sont mises en application dans les exemples de ce magazine.
vant de les employer, entrainez-vous sur une feuille de papier à part.

Lavis uniforme : Il s'agit de remplir une surface avec une couleur uniforme et sans surcharge.
Pour peindre un lavis, vous devez charger votre pinceau avec une bonne
quantité de pigment préalablement dilué. Remplissez la zone à peindre en
conduisant la couleur d'un bout à l'autre.
Laisser sécher le papier avant de passer un nouveau lavis.

Lavis dégradé : Commencez à peindre avec du pigment concentré, puis
trempez votre pinceau dans l'eau claire.
Continuez de peindre en agrandissant votre zone de peinture, sans re-
prendre de pigment.

Reprenez de l'eau claire, pour terminer votre dégradé avec transparence.

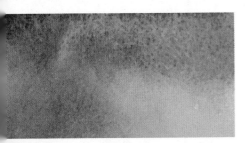

Mouillé sur mouillé : Il s'agit de déposer la couleur sur un papier préalablement mouillé à l'eau claire.
Les pigments de couleur se diffuseront sur la surface humide.

Il est conseillé de faire des essais avant d'utiliser cette technique dans une
aquarelle.
L'effet sera différent suivant le type et la marque du papier.

Mouillé sur sec : Charger votre pinceau avec une bonne quantité de
pigment préalablement dilué.
Peignez sur le papier sec, cela donne des bords précis aux zones peintes.

Vous pouvez ensuite continuer en "mouillé sur mouillé", en ajoutant de
nouveau du pigment.

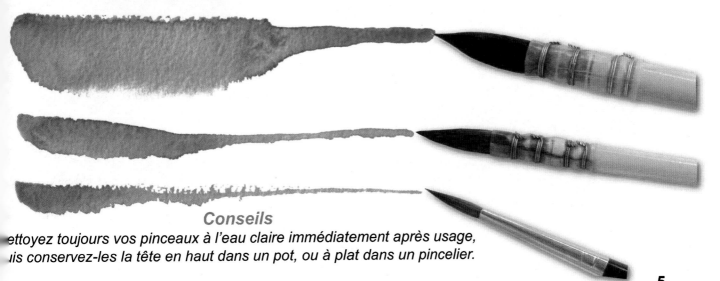

Conseils
ettoyez toujours vos pinceaux à l'eau claire immédiatement après usage,
uis conservez-les la tête en haut dans un pot, ou à plat dans un pincelier.

Une palette de couleurs limitée

Nous utiliserons dans ce numéro un nombre limité de couleurs aquarelle **Rembrandt** en tube. Les neuf teintes présentées vous suffiront pour rendre les mélanges et les effets nécessaires.

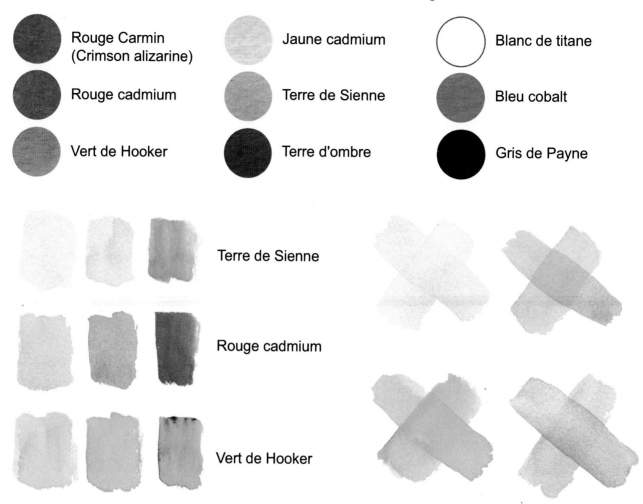

Rouge Carmin (Crimson alizarine)

Rouge cadmium

Vert de Hooker

Jaune cadmium

Terre de Sienne

Terre d'ombre

Blanc de titane

Bleu cobalt

Gris de Payne

Terre de Sienne

Rouge cadmium

Vert de Hooker

Pour bien comprendre et maitriser vos couleurs, faites des essais de dilution, afin de visualiser les capacités de transparence des pigments d'aquarelle.

Les croquis

Le dessin au crayon, pour étudier un sujet, est un excellent exercice à ne pas négliger.

Concentrez-vous sur la forme et l'attitude des oiseaux.
En utilisant des photographies, entrainez-vous à dessiner en faisant des petits croquis.

Études et croquis

Utilisez de préférence un crayon de type B ou 2B, afin de pouvoir facilement faire des traits clairs ou foncés.

Commencez par faire une ligne indiquant l'attitude générale.
Placez un grand ovale pour le corps et un rond pour la tête.
Tracez les traits du contour en faisant attention aux connexions corps-tête et corps-queue.

Commencez toujours par simplifier la forme de l'oiseau. Imaginez sa forme en contrejour.
Donnez du volume en jouant avec la lumière et les ombres — vous devez sentir le côté arrondi du corps.

Faites des petites études de valeurs en noir et blanc, en variant les attitudes et les positions (n'hésitez pas à utiliser des photographies comme références).

Étude et couleur

Esquisse N/B en page 54

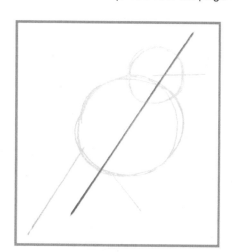  

CROQUIS D'ÉTUDE

Tracez la grande ligne directionnelle de l'attitude de l'oiseau. Ensuite, ajoutez un grand cercle pour le corps, et un autre pour la tête, ainsi que les petits traits indiquant patte et queue, ainsi que la ligne qui positionne l'œil et le bec.
Tracez le contour, puis placez des hachures qui indiquent les ombres et définissent le volume.
Vous pouvez maintenant reporter votre dessin (surtout les contours) sur le papier aquarelle.

Aquarelle 15 x 15 cm
sur papier MONTVAL 300 g.

● Terre d'ombre   ● Gris de Payne

● Rouge cadmium   ● Jaune cadmium

● Bleu cobalt   ○ Blanc

1 PREMIERS LAVIS

Passez un lavis de jaune de cadmium dilué sur la face et la gorge. En mouillé sur mouillé, ajoutez des touches de rouge, et laissez la couleur se diffuser naturellement?
Passez un dégradé de bleu cobalt très léger sur le ventre (concentrez le pigment sous l'aile).

2 LE VOLUME ET LES DÉTAILS

Passez de la terre d'ombre sur le haut de la tête et le dos, puis continuez avec du bleu cobalt très léger. Arrêtez au niveau de l'orange. Ne vous inquiétez pas si des auréoles se forment, cela arrive souvent en mouillé sur mouillé. Donnez du volume en accentuant la terre d'ombre sur la tête et le dos. Ensuite, mélangez du bleu et de la terre d'ombre pour obtenir le gris foncé que vous poserez sur l'aile et la queue.

3 ÉTAPE FINALE

Prenez du bleu cobalt dilué et peignez un lavis autour de la tête.
Dessinez l'œil et les ombres les plus foncées avec du gris de Payne.
Laissez sécher, puis prenez du blanc de titane ou de la gouache blanche.
Placez un point blanc sur l'œil, afin de symboliser un éclat de lumière.
Dessinez de fins traits blancs sur l'aile, indiquant le sens des plumes.
Utilisez du blanc opaque, vous permet de faire les rehauts lumineux nécessaires.

Étude et couleur

Aquarelle 13 x 17 cm
sur papier MONTVAL 300 g.

- ● *Terre d'ombre*
- ● *Rouge cadmium*
- ● *Bleu cobalt*
- ● *Gris de Payne*
- ● *Jaune cadmium*
- ○ *Blanc*

Esquisse N/B en page 54

CROQUIS D'ÉTUDE

Tracez la grande ligne directionnelle de l'oiseau. Ensuite, ajoutez les cercles pour le corps et la tête, ainsi que les traits indiquant les pattes, la queue, et la ligne œil-bec.
Tracez le contour et l'aile, puis terminez votre étude par les hachures qui définissent le volume.

1

1 PREMIERS LAVIS
Peignez les ombres principales pour indiquer le volume dès le début. Passez un lavis léger de gris de Payne très dilué. Laissez sécher puis faites la gorge avec un mélange orangé (jaune avec rouge de cadmium).

2 LES DÉTAILS
En mouillé sur sec, continuez de peindre l'oiseau avec un lavis de bleu cobalt, puis un peu de terre d'ombre diluée. Laissez les couleurs se fondre légèrement. Accentuez les couleurs pour faire ressortir le volume. Puis, passez du gris de Payne dans l'œil (essayez de laisser un point blanc non peint), ainsi que sur les ombres les plus foncées.

2

3

3 ÉTAPE FINALE
Peignez rapidement le fond avec du bleu cobalt dilué.
Ne faites pas le tour complet de l'oiseau.
Passez votre lavis autour de la tête, ceci dirigera l'œil du spectateur vers ce point focal.

Laissez apparaitre la trace du pinceau donne de la liberté à votre aquarelle.

Accentuez le contraste des détails avec du gris de Payne.
Laissez sécher puis posez un point blanc dans l'œil, ainsi que des petits traits sur l'aile.

Mésange charbonnière

Esquisse N/B en page 55

Aquarelle 25 x 20 cm sur papier MONTVAL 300 g.

● Vert de Hooker   ● Terre de Sienne   ● Jaune cadmium

● Terre d'ombre   ● Gris de Payne   ● Bleu cobalt

● Rouge carmin

Utilisez des documents comme source d'inspiration. Et si vous avez la possibilité, essayez de dessiner le sujet dans son environnement.

1 PEINDRE LE FOND

Penchez votre planche à dessin, afin que l'eau puisse s'écouler vers le bas de la feuille et éviter les auréoles.

Mouillez le papier en évitant la mésange.

Commencez en haut de la feuille, et faites des lavis dégradés.
Passez un peu de terre de Sienne diluée sur la gauche. Laissez le pigment s'écouler librement.

Continuer avec du bleu cobalt dilué.

Les couleurs vont se diffuser vers le bas et créer un dégradé naturel.
Évitez d'intervenir avec le pinceau quand vous avez fait votre lavis, afin de conserver un dégradé très doux, et des couleurs lumineuses.

Vous pouvez ajouter une ou deux touches de carmin dilué, sur le papier encore très mouillé.

2 PEINDRE L'OISEAU

Humidifiez le corps de la mésange, au-dessous de la tête et de l'aile.

Posez du jaune de cadmium, et laissez le pigment se diffuser, créant ainsi un dégradé très lumineux.
De la pointe du pinceau, amenez un peu de jaune pâle, au bas du ventre.

3 LE VOLUME

Pour ombrer légèrement le corps et donner du volume à la petite mésange, passez un peu de terre de Sienne diluée sur le bas, ajoutez ensuite du bleu cobalt dilué.
Commencez le bleu à partir de l'aile, puis la queue, et allez jusqu'au ventre.
Peignez les pattes de la même couleur.

4 TERMINER LES LAVIS

Laissez sécher votre peinture afin de continuer en "mouillé sur sec".
Peignez le dos avec un dégradé de terre de Sienne (en haut) et de vert foncé (en bas).
Pour cela, commencez par peindre avec de la terre de Sienne presque transparente, puis passez du vert de Hooker.
Ajoutez un mélange de vert de Hooker et de bleu cobalt.
Dessinez les plumes de l'aile avec des traits de bleu cobalt.

Peignez la tête et la poitrine avec du gris de Payne dilué.

5 LES DÉTAILS

Avec la pointe du pinceau, dessinez l'œil avec du gris de Payne.
Veillez à laisser un reflet de lumière dans
la pupille — sinon, vous pouvez poser un
point de blanc de titane.

Terminez le plumage noir, avec du gris de
Payne concentré.
Laissez des parties en gris clair, ce qui
donne de la luminosité et renforce le
volume.

Prenez du jaune de cadmium à peine
dilué, et posez des touches de couleur en
allant dans le sens des plumes, avec des
petits coups de pinceau.

14

6 LES FEUILLES ET LES FLEURS

Commencez par peindre quelques feuilles avec du vert de Hooker mélangé à un peu de bleu cobalt.
Ensuite, dessinez les branches avec un mélange de terre d'ombre et de bleu. Utilisez la pointe du pinceau pour les branches les plus fines.
Laissez des blancs entre chaque coup de pinceau, ce qui donne du dynamisme.
Les fleurs sont peintes avec du carmin dilué, puis du carmin plus soutenu.

8 ÉTAPE FINALE

Ajoutez de nouvelles feuilles dans les espaces laissés libres entre les fleurs.

Dessinez toutes les petites tiges partant des fleurs et des feuilles.
Utilisez le même vert que pour le feuillage.

Dessinez en utilisant la pointe du pinceau, afin d'obtenir des traits très fins.

Prenez du carmin concentré, et ajoutez quelques accents contrastés sur les fleurs.
Dessinez les filaments des étamines.

Laissez sécher, et effacez les traits de crayon encore visibles.

Sittelle

Esquisse N/B en page 56

Aquarelle 25 x 20 cm sur papier MONTVAL 300 g.

- *Vert de Hooker*
- *Terre de Sienne*
- *Jaune cadmium*
- *Terre d'ombre*
- *Gris de Payne*
- *Bleu cobalt*
- *Rouge cadmium*
- *Rouge carmin*

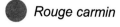

La photographie sert de référence, pour les détails caractéristiques de cette petite sittelle.

1 PEINDRE LE FOND

Penchez légèrement votre planche à dessin, et mouillez le fond, en évitant l'oiseau et les fleurs. Passez un lavis dégradé de bleu cobalt dilué. Il vous suffit de poser la couleur en haut de la feuille, et descendez doucement.

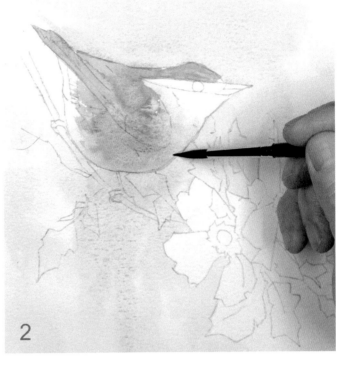

2 PREMIERS LAVIS

Laissez sécher, puis passez un lavis de bleu cobalt dilué sur le plumage de l'oiseau. Continuez avec de la terre de Sienne au-dessous de l'aile. Ajoutez un peu de rouge de cadmium en mouillé sur mouillé, puis un peu de terre d'ombre.

3 MOUILLÉ SUR SEC

Attendez que le papier soit sec pour continuer votre aquarelle. Peignez quelques touches de terre d'ombre sous l'aile. Ajoutez un trait de bleu cobalt pour accentuer l'ombre sous les grandes plumes.

4 LE PLUMAGE

Prenez du bleu cobalt et peignez le plumage, en laissant des zones claires en "négatif". Ceci va faire ressortir le volume des plumes.

Passez un peu de bleu dilué dans l'œil.

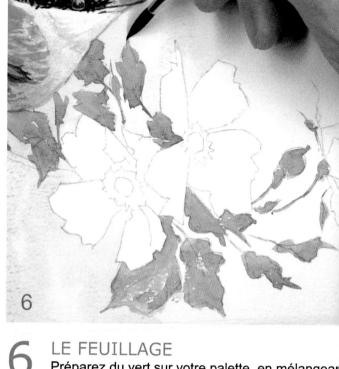

5 VOLUME ET DÉTAILS

Mélangez un petit peu de gris de Payne avec du bleu cobalt. Dessinez une ombre sous les plumes de l'aile en faisant des traits bleu foncé.
Peignez l'œil et la ligne allant du bec à l'épaule avec du gris de Payne concentré.
Ajoutez une ombre en haut de la patte.

6 LE FEUILLAGE

Préparez du vert sur votre palette, en mélangeant de la terre de Sienne avec du vert de Hooker, ou bien du jaune de cadmium avec du bleu cobalt.
Peignez les feuilles en mouillé sur sec.
Utilisez la pointe du pinceau, pour dessiner les tiges des feuilles, en faisant des traits très fins.

7 LES BRANCHES

Dessinez les branches avec de la terre d'ombre mélangée à un peu de bleu cobalt.
Ajoutez un peu de gris de Payne sur la branche humide, pour faire des parties ombrées.
Préparez du vert foncé en ajoutant du carmin à votre vert, et faites les ombres et les nervures des feuilles.

8 LES FLEURS

Humidifiez la surface des fleurs, et posez du jaune de cadmium au centre des pistils.
Laissez la couleur se diffuser sans intervenir, afin que votre jaune reste propre et net, en créant un dégradé naturel.
Laissez sécher avant de continuer.

9

LES PÉTALES

Diluez du carmin sur votre palette, jusqu'à l'obtention d'un rose pâle.
Peignez les pétales en "mouillé sur sec", en laissant de larges espaces blancs autour des pistils.
Commencez par le haut des pétales, en tenant votre pinceau de biais.
Faites quelques traits fins allant vers le centre.
Peignez les pistils avec le même vert que les feuilles, en laissant un reflet lumineux non peint.
Dessinez les étamines avec de la terre d'ombre. Posez les petits points, puis les petits traits.

10

ÉTAPE FINALE

Posez un point de blanc de titane dans la pupille de l'oiseau, avec la pointe du pinceau.

Pour terminer les fleurs, prenez du carmin, et peignez les accents colorés des pétales. Donnez de petits coups de pinceau, afin de peindre d'une façon dynamique. Ajoutez quelques traits très fins allant vers le centre.

Chardonnerets

Esquisse N/B en page 57

Aquarelle 19 x 27 cm sur papier MONTVAL 300 g.

- ● Vert de Hooker
- ● Terre d'ombre
- ● Rouge cadmium
- ● Gris de Payne
- ● Rouge carmin
- ● Bleu cobalt
- ● Jaune cadmium

1 PEINDRE LE FOND

Posez de la gomme à masquer sur les zones ~~b~~anches des ailes et quelques points dans les fleurs. ~~H~~umidifiez la surface du papier autour des oiseaux. Pen~~c~~hez votre feuille, et posez du carmin dilué sur les fleurs, ~~p~~uis ajoutez du jaune de cadmium au centre.

2 PEINDRE LES FEUILLES

Attendez que votre papier soit sec.
Prenez du vert de Hooker et peignez chaque feuille d'un coup de pinceau.
Pour les feuilles bicolores, il vous suffit de prendre du vert, puis un peu de rouge avec la pointe du pinceau.

3 LES FLEURS

Préparez du carmin dilué sur votre palette.
~~P~~eignez doucement chaque pétale d'un seul coup de ~~pi~~nceau.
~~E~~nsuite, ajoutez du carmin plus soutenu.
~~L~~aissez des espaces blancs pour la luminosité.

4 LES OISEAUX

Posez du jaune de cadmium dilué sur le côté des ailes. Puis, prenez du bleu cobalt très dilué, pratiquement transparent, afin de peindre la partie ombrée des chardonnerets. Touchez le jaune encore humide, et laissez les couleurs se mélanger.

5 PEINDRE LE VOLUME DES OISEAUX

Diluez un peu de terre d'ombre et peignez le plumage de couleur marron. Prenez du bleu cobalt dilué et passez un lavis sur le bas du corps, en venant toucher la terre d'ombre encore humide, afin que les couleurs puissent se fondre et créer un dégradé. Très vite, en mouillé sur mouillé, renforcez le plumage avec de la terre d'ombre posée par petites touches.

Avec du carmin et un peu de rouge de cadmium, faites un lavis dégradé sur la tête, près du bec.

6 LES COULEURS FONCÉES

Laissez sécher avant de continuer.

Prenez du gris de Payne et peignez les ailes et les détails de la tête. Avec un pinceau sec, estompez un peu de pigment situé sur le haut de la tête.

Laissez sécher et enlevez toute la gomme à masquer en frottant avec le bout du doigt.

Mélangez de la terre d'ombre et du gris de Payne. Dessiner la branche et des petits points dans les fleurs.

7 LES YEUX

Attendez que votre aquarelle soit bien sèche pour faire des rehauts blancs.
Pour cela, prenez du blanc de titane ou de la gouache blanche avec la pointe du pinceau (utilisez un petit pinceau pour avoir plus de précision).
Mettez un petit point blanc dans l'œil, afin de symboliser un reflet de lumière dans la pupille.
Ensuite, faites le tour de l'œil d'un trait blanc très fin.
N'essayez pas de faire un seul trait continu, ce ne serait pas naturel (2 ou 3 petits traits sont préférables).

8 ÉTAPE FINALE

En "mouillé sur sec", faites quelques traits blancs dans le plumage.
Les détails blancs sur les ailes doivent être repris de la pointe du pinceau, car la gomme à masquer donne des motifs qui ne sont pas assez précis.
Laissez sécher complètement et effacez les traits de crayon encore visibles.

Le troglodyte

Esquisse N/B en page 58

Aquarelle 21 x 26 cm sur papier MONTVAL 300 g.

- Vert de Hooker
- Terre de Sienne
- Blanc
- Terre d'ombre
- Rouge cadmium
- Bleu cobalt
- Gris de Payne

1 PEINDRE LE FOND

Penchez votre planche à dessin, afin que l'eau puisse s'écouler vers le bas de la feuille et éviter les auréoles.

Mouillez le papier en évitant l'oiseau.

Commencez en haut de la feuille, en passant un lavis dégradé, avec du bleu cobalt dilué.
Vous pouvez vous arrêter au-dessous de l'oiseau et laissez le pigment s'écouler librement.

Les couleurs vont se diffuser vers le bas et créer un dégradé naturel.
Évitez d'intervenir avec le pinceau quand vous avez fait votre lavis, afin de conserver un dégradé très doux, et des couleurs lumineuses.

Sur le papier encore très mouillé, ajoutez une ou deux touches de rouge de cadmium dilué, au niveau des fruits.

Laissez sécher parfaitement avant de continuer.

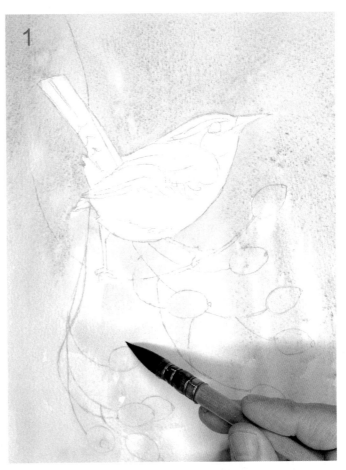

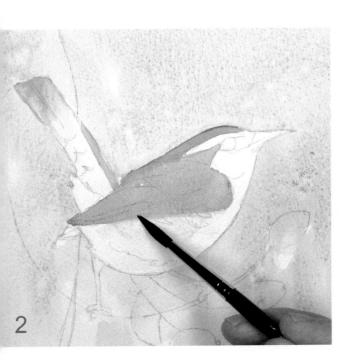

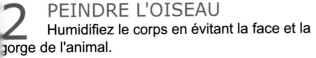

2 PEINDRE L'OISEAU

Humidifiez le corps en évitant la face et la gorge de l'animal.

Passez un lavis de terre d'ombre diluée sur la queue, puis sur tout le dos et le côté de l'aile.
Si un peu de couleur s'écoule sous l'aile, estompez le pigment avec un pinceau sec.

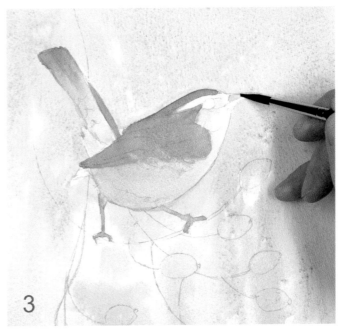

3 LE VOLUME

En "mouillé sur mouillé", accentuez l'intensité de la terre d'ombre, et ajoutez un lavis de terre de Sienne diluée sur le ventre (sous l'aile).
Peignez la queue avec un lavis dégradé.

Passez un peu de bleu dilué sur le bec et sous l'œil.

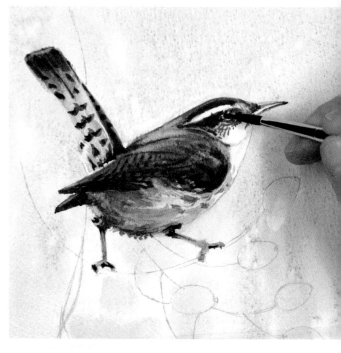

4 ACCENTUER LE VOLUME

Laissez sécher votre peinture afin de continuer en "mouillé sur sec".
Peignez le dos avec un dégradé de terre d'ombre, puis ajoutez un peu de gris de Payne.
Passez du bleu cobalt sur l'arrière du corps, pour ombrer le plumage au-dessous de l'aile.

Avec du gris de Payne, dessinez de fins traits le long de l'aile pour représenter les longues plumes, puis ajoutez des détails caractéristiques du troglodyte. Faites de même sur la queue.
Dessinez l'œil en utilisant la pointe du pinceau, en laissant un reflet lumineux.

5 LES DÉTAILS

Avec la pointe du pinceau, précisez l'œil, ainsi que les petites marques sur la joue.
Dessinez un bec assez pointu.

Prenez du blanc de titane ou bien de la gouache blanche, et posez un point dans le reflet de l'œil.
Vous pouvez dessiner le tour de l'œil avec un trait blanc très fin.

Posez des marques blanches le long de l'aile, ainsi que sur la queue.

Utilisez le blanc pour ajouter des accents lumineux, qui dynamisent le dessin.

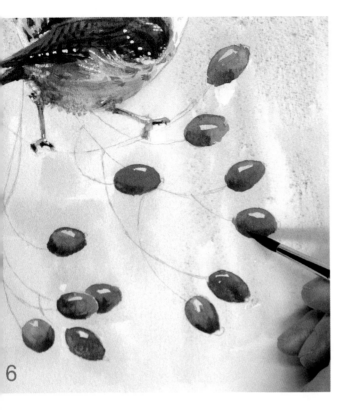

6

6 LES CYNORRHODONS

Peignez les fruits d'églantier (cynorhodons) avec du rouge de cadmium.

ur chaque fruit, passez un lavis légèrement dilué, en préservant un reflet blanc (non peint) de forme allongée. Ajou-
z ensuite du rouge plus soutenu sur la surface humide, puis une touche de bleu cobalt non dilué, en bas de chaque
it. Faites ceci en "mouillé sur mouillé", afin que les couleurs se fondent, et créent un effet dégradé. Dessinez les
es avec un mélange de vert de Hooker et d'un peu de terre d'ombre.

7 ÉTAPE FINALE

Ajoutez les sépales au bout des
its, avec de la terre d'ombre concentrée.

egardez l'exemple, et notez que quelques
s, un fin espace blanc a été laissé entre
fruit et les sépales.
ssayez de faire de même, cela donne du
thme à la peinture.

ssinez une seconde fois les tiges, avec
mélange de terre d'ombre, de vert, et
un peu de gris de Payne. Ajoutez des
ints le long des tiges, pour représenter
épines de l'églantier.

dernier moment, estompez un peu
pigment sur l'aile (en face des points
ncs), pour dessiner le motif caractéris-
ue des plumes du troglodyte.

7

Moineau

Esquisse N/B en page 59

Aquarelle 18 x 16 cm
sur papier MONTVAL 300 g.

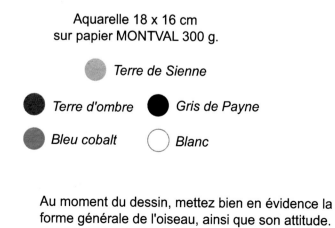

Terre de Sienne

Terre d'ombre   **Gris de Payne**

Bleu cobalt   ○ *Blanc*

Au moment du dessin, mettez bien en évidence la
forme générale de l'oiseau, ainsi que son attitude.
Faites attention à la position de l'œil et du bec.

2 LES PREMIERS LAVIS
Humidifiez doucement toute la surface de l'oiseau et du rocher en évitant de mouiller l'œil.
osez de la terre de Sienne sur le dos et sur l'aile. Ajoutez ensuite un peu de bleu cobalt dilué sous le ventre et le
ssus de la tête. Préparez un peu de terre d'ombre diluée, puis posez cette couleur sur l'arrière de la tête, et le haut
l'aile, ainsi qu'au-dessous du moineau (une ombre entre les pattes).
s que le papier commence à perdre sa brillance (un peu plus sec), peignez les principales couleurs.

3 VOLUME ET DÉTAILS
En mouillé sur sec, précisez le volume de l'oiseau
n qu'il soit comme une petite boule de plumes.

élangez un peu de bleu et de terre d'ombre pour obtenir
n gris très doux.
eignez le dessous du ventre avec des petits coups de
nceau, en laissant quelques blancs, afin de donner
mpression du plumage.
ilisez la même teinte sur la queue, le bec, et le rocher.
eignez les gris foncés avec de la terre d'ombre et du gris
Payne.

3

4

4 ÉTAPE FINALE
Prenez du bleu cobalt dilué et passez un lavis
autour de l'oiseau.
Laissez sécher, puis faites un second lavis, en concentrant le pigment sur le bas de votre aquarelle.
Avec du gris de Payne, renforcez la couleur foncée
autour du bec, et dans l'œil.

Laissez sécher, puis prenez du blanc de titane ou bien
de la gouache blanche.
Posez un point blanc dans l'œil, afin de mettre un éclat
de lumière.
Placez un peu de blanc sur les plumes de l'aile, et sur
les doigts de la patte.

Mésange Nonnette

Esquisse N/B en page 60

Aquarelle 26 x 32 cm sur papier MONTVAL 300 g.

- ● Vert de Hooker
- ● Terre de Sienne
- ● Bleu cobalt
- ● Terre d'ombre
- ● Gris de Payne
- ○ Blanc
- ● Rouge cadmium
- ○ Jaune cadmium

Utilisez les photographies comme source d'inspiration. Faites des croquis pour composer votre aquarelle.

30

PEINDRE LE FOND

Après avoir reporté votre dessin, penchez votre ~~pl~~anche à dessin, afin que l'eau puisse couler vers le ~~ba~~s au moment de peindre le fond.

~~M~~ouillez la surface du papier en évitant les deux oi-~~se~~aux.

~~P~~assez un lavis dégradé de bleu cobalt dilué, en com-~~m~~ençant en haut de la feuille.
~~La~~issez la partie droite beaucoup plus claire que le ~~re~~ste — il suffit de ne pas peindre cette zone, laissez ~~si~~mplement le bleu posé en haut s'écouler lentement ~~ve~~rs le centre de la composition.

~~Aj~~outez du jaune au niveau de la fleur, ainsi qu'à deux ~~au~~tres endroits, avec quelques touches de rouge de ~~ca~~dmium dilué.

~~La~~issez sécher avant de continuer à peindre.

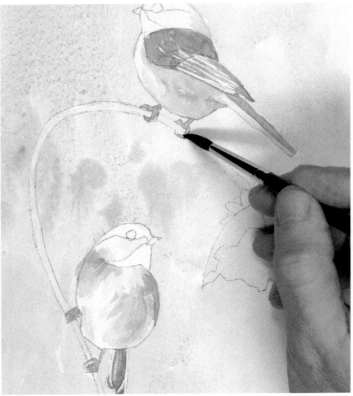

LES OISEAUX

Passez les premiers lavis qui vont définir les petites mésanges.
~~U~~n peu de terre de Sienne diluée, puis quelques touches de bleu cobalt très dilué, presque transparent.
~~E~~nsuite, recommencez avec les mêmes couleurs bien moins diluées, pour plus d'intensité.
~~L'~~important à cette étape est de poser les bases du volume, en ne peignant pas les parties les plus lumineuses du ~~pl~~umage des oiseaux.
~~F~~aites des traits fins pour indiquer les plumes de l'aile, et passez du bleu cobalt sur les pattes.

3 LES DÉTAILS

Renforcez légèrement le bleu sur le dos et les ombres des longues plumes.
Prenez du gris de Payne dilué, afin de dessiner les yeux, en laissant un reflet blanc.
Peignez le dessus de la tête et la gorge avec du gris de Payne soutenu. Laissez un fin espace blanc autour des yeux.

Utilisez la même couleur pour les ailes situées de chaque côté de l'oiseau.

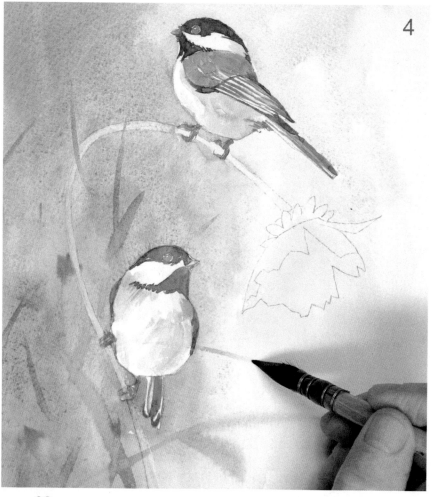

4 LA VÉGÉTATION

Terminez de peindre les oiseaux en ayant un équilibre entre les ombres et les lumières.

Pour renforcer la végétation, passez de l'eau claire sur la partie gauche, en allant au-dessous des oiseaux.

En "mouillé sur mouillé", peignez des fleurs jaunes, en donnant un coup de pinceau par pétale.
Ajoutez un peu de rouge de cadmium au centre.

Avec du vert de Hooker, dessinez de longues feuilles d'herbe.

Laissez les couleurs se **diffuser** librement, sans corriger les traces de pinceau, car cela ferait des auréoles qui ne seraient pas naturelles.

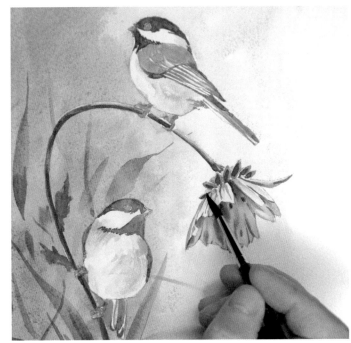

5 PEINDRE LA FLEUR

Passez du jaune dilué sur la partie supérieure, en laissant des blancs.
eignez l'intérieur de la fleur avec du jaune de cadmium, puis ajoutez des traces de terre de Sienne, et de terre
ombre au centre.
ès que la couleur sèche, dessinez des traits pour indiquer la forme de quelques pétales.

eignez la tige en vert de Hooker, puis avec du vert foncé, pour donner du volume.
aites de même au-dessus des pétales.

6 ÉTAPE FINALE

Laissez sécher votre
quarelle, puis effacez les traits
e crayon encore visibles.

vec du gris de Payne, renforcez
couleur de la tête des oiseaux.

tendez que la couleur sèche,
uis ajoutez quelques rehauts
vec du blanc de titane (ou bien
e la gouache blanche).
aites un point blanc dans l'œil,
e touche au-dessus de la tête.
essinez un trait blanc sur le
aut de la tige.

Pic épeiche

Esquisse N/B en page 61

Aquarelle 21 x 27 cm sur papier MONTVAL 300 g.

○ Blanc de titane   ● Rouge cadmium   ● Bleu cobalt

● Terre de Sienne   ● Gris de Payne   ● Rouge carmin

● Terre d'ombre

Utilisez des photographies comme références, afin de voir les détails significatifs de l'oiseau.
Ensuite, composez votre aquarelle d'une façon personnelle.

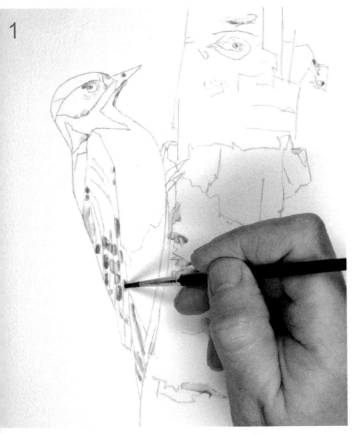

1 LA GOMME À MASQUER

Après avoir reporté votre dessin, il vous faut protéger les petits points blancs situés sur les ailes, spécifiques de cet oiseau.

Posez un point de gomme dans la pupille, qui représente le reflet de lumière dans l'œil.

Commencez par mettre du savon liquide (produit vaisselle) sur les poils de votre pinceau.
Ceci vous permettra de le nettoyer très facilement après usage, en le passant sous l'eau.

Utilisez un petit pinceau, afin de pouvoir masquer des détails très fins.

Laissez sécher la gomme à masquer avant de commencer à peindre le fond.

2 PEINDRE LE FOND

Penchez votre feuille afin que l'eau puisse s'écouler ers le bas.

Mouillez le fond autour de l'oiseau et de l'arbre.

assez un lavis bleu cobalt dilué, en commençant en haut e la feuille. Au milieu, mettez de la terre de Sienne diluée, t arrêtez au niveau de la queue.

3 L'ARBRE

Pendant que votre fond commence à sécher, préparez un mélange de bleu cobalt avec un tout petit peu de carmin. Ce qui vous donne une nuance légèrement mauve dans le bleu.

Humidifiez le tronc et passez votre mélange sur la partie droite, puis ajoutez de la terre d'ombre diluée.

4 PEINDRE L'OISEAU

Laissez sécher votre aquarelle, puis passez un lavis très dilué sur les zones les plus foncées du pic épeiche. De cette façon vous commencez à placer les ombres et les lumières, ce qui permet de donner une idée du volume. Passez du rouge de cadmium à l'arrière de la tête et sur le ventre. N'attendez pas que le papier soit sec, pour ajouter un mélange de rouge de cadmium et de carmin, pour ombrer cette partie.
Avec du gris de Payne légèrement dilué, peignez l'œil et le plumage.

5 LES DÉTAILS

Attendez que votre aquarelle soit complètement sèche, puis enlevez la totalité de la gomme à masquer, en frottant doucement avec le bout du doigt.

Prenez du carmin concentré, et peignez le dessous du ventre, ce qui renforce le volume arrondi du corps.

Avec du gris de Payne, peignez de nouveau le plumage foncé, en laissant certaines parties plus claires (par exemple : les plumes du haut de l'aile, et le dessus de la tête).

De la pointe du pinceau, définissez clairement les zones blanches sur l'aile. Faites des traits fins séparant les longues plumes.

6 LE TRONC D'ARBRE

Pour peindre la texture du tronc, commencez par passer de la terre de Sienne, puis de la terre d'ombre diluée
~~ur~~ les zones qui correspondent aux trouées dans l'écorce blanche.
~~P~~renez de la terre d'ombre et ajoutez un peu de rouge de cadmium, afin de donner de l'éclat à votre couleur. Peignez
~~la~~ texture de l'arbre, en frottant avec le pinceau, à peine mouillé sur papier sec.
~~R~~enforcez certaines parties avec de la terre d'ombre. Ensuite, faites quelques petits points et des traits fins, pour don-
~~n~~er de la matière à l'écorce. Un léger lavis carmin a été posé, en face du ventre de l'oiseau.

7 ÉTAPE FINALE

Prenez du gris de Payne et précisez les détails de l'oiseau (au niveau des pattes et du bec). Ajoutez quelques
~~to~~uches foncées sur le tronc d'arbre, pour renforcer l'effet de matière. Il suffit d'un peu de gris de Payne sous l'écorce
~~bl~~anche (un simple trait), afin de renforcer le volume. Prenez du blanc de titane, et posez un point dans l'œil, et sur les
~~pl~~umes. Ajoutez de petits détails blancs sur l'écorce, et sur la matière du bois.

Esquisse N/B en page 62

Mésange bicolore

Aquarelle 21 x 25 cm sur papier MONTVAL 300 g.

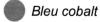 Vert de Hooker

Jaune cadmium

Bleu cobalt

Terre d'ombre

Gris de Payne

Blanc

Rouge cadmium

1 PEINDRE LE FOND

Humidifiez légèrement le fond en évitant l'œil de [l']oiseau. Utilisez un pinceau assez large pour aller vite.

[In]clinez un peu votre planche à dessin ou votre bloc [de] papier, pour que l'eau puisse s'écouler vers le bas et [év]iter les auréoles non désirées.

[P]renez du bleu cobalt dilué, et passez un lavis dégradé, [e]n commençant en haut de la feuille.

[F]aites en sorte que le ventre de la mésange reste très [cl]air.

[M]ettez un peu de rouge très dilué sous l'aile et ajoutez [d]u bleu sur la tête et les plumes de l'oiseau.

[P]our finir, posez rapidement du jaune de cadmium dilué [s]ur le papillon et les fleurs, en laissant la couleur se [fo]ndre et devenir transparente.

[L]aissez le pigment se diffuser librement (n'insistez pas [e]n frottant, ou bien en cherchant à forcer l'aquarelle). [A]ttendez que le papier soit sec avant de continuer.

2 FLEURS ET FEUILLES

Peignez les fleurs jaunes en donnant un coup de pinceau dynamique pour chaque pétale.
Ajoutez ensuite une touche de rouge de cadmium dilué au centre des fleurs.

Pour chaque feuille, commencez par poser la pointe du pinceau, puis avancez en écrasant largement la touffe, et enfin, remontez doucement votre main afin de terminer en pointe.
De cette façon vous obtenez la forme d'une feuille en un coup de pinceau.

Utilisez du vert de Hooker mélangé à un peu de bleu.

Pour les feuilles bicolores, commencez par prendre du vert, puis prenez un peu de rouge de cadmium avec le bout de la pointe du pinceau.
Au moment de peindre, vous verrez les deux couleurs se séparer franchement.

Avant de peindre les feuilles, n'hésitez pas à faire quelques essais sur un morceau de papier à part.

3 PEINDRE LA MÉSANGE

Vous allez définir le volume de l'oiseau en mouillé sur mouillé.

Humidifiez tout le corps (évitez l'œil), puis posez une légère touche de jaune dilué sous l'aile. Ajoutez un peu de rouge de cadmium dilué.

Posez un peu de rouge pâle devant l'œil.

Prenez du bleu cobalt dilué, et peignez la tête, ainsi que les plumes de l'aile et de la queue.

4 ACCENTUER LE VOLUME

Le papier étant pratiquement sec, accentuez le volume en donnant quelques coups de pinceau dans le sens des plumes.

Utilisez du bleu dilué pour le ventre, et du bleu cobalt plus concentré pour l'aile et la queue.

Mélangez de la terre d'ombre avec un peu de bleu, pour dessiner les branches.

D'abord les branches épaisses, puis les plus fines.

5 LES DÉTAILS

Terminez de peindre le volume de l'oiseau, afin que le corps soit comme une petite boule, avec une partie ombrée et une autre très lumineuse.

Passez des lavis très légers, et estompez le pigment aux endroits devant être les plus clairs.

Prenez du gris de Payne dilué, pour peindre le bec, l'œil, et les traits représentant les longues plumes.

Vous renforcerez cette teinte plus tard, au moment de finaliser.

Ajoutez du gris de Payne concentré au-dessus du bec.

6 PEINDRE L'ABEILLE

Commencez par poser du jaune de cadmium au milieu, puis du gris de Payne sur la tête et le bas du corps. Ne vous inquiétez pas si le jaune et le gris de Payne se touchent et se mélangent un peu.

Laissez sécher, puis terminez l'abeille avec du gris de Payne concentré. Avec le bout du pinceau bien sec, estompez un peu de pigment pour faire un ou deux rehauts blancs.

Prenez du blanc de titane, et peignez les ailes, en faisant passer la première devant le dos.

7 ÉTAPE FINALE

Peignez le papillon avec un dégradé de jaune et de rouge de cadmium pour les ailes, puis ajoutez du gris de Payne sur le corps (le gris va se diffuser un peu dans l'aile).

Pendant que le papillon sèche, prenez du gris de Payne et terminez la mésange, en dessinant l'œil, le bec, et les plumes. Ajoutez ensuite les détails du papillon.

Laissez sécher, puis avec du blanc de titane, faites un point dans l'œil et quelques touches sur le plumage.

Mésange bleue

Aquarelle 13 x 17 cm
sur papier MONTVAL 300 g.

- Terre d'ombre
- Rouge cadmium
- Bleu cobalt
- Gris de Payne
- Jaune cadmium
- Blanc
- Terre de Sienne

Esquisse N/B en page 63

1 PEINDRE LE FOND

Inclinez légèrement votre planche à dessin ou votre bloc de papier afin que l'eau puisse s'écouler doucement vers le bas de la feuille.

Humidifiez la surface en évitant la tête et l'espace blanc au centre du corps de l'oiseau.

Passez un lavis dégradé avec du bleu cobalt dilué sur le fond, puis posez du jaune de cadmium dilué sur le ventre de la mésange.

Votre feuille étant inclinée, vous verrez le pigment jaune se diffuser au-dessous du corps de l'oiseau ... laissez la couleur agir naturellement sans y toucher.

En mouillé sur mouillé, ajoutez un peu de bleu sur le bas de la feuille.

2 LA MÉSANGE

Passez de nouveau du jaune sur la poitrine, en concentrant le pigment vers la droite. Avec du bleu dilué, peignez la côte ombrée de la tête, puis l'aile et la queue. Laissez sécher.

Avec de la terre de Sienne, donnez du volume au plumage jaune, puis prenez du bleu cobalt et peignez les plumes et la collerette autour de la tête.

3 LES DÉTAILS

En mouillé sur sec, continuez de peindre l'oiseau en précisant les détails sur le bec et les pattes.
Prenez du bleu dilué, et peignez autour de la mésange. Faites un seul lavis très léger, qui mettra le corps de l'oiseau en évidence.
Dessinez l'œil avec du gris de Payne.

4 ÉTAPE FINALE

Peignez les petites fleurs avec du rouge de cadmium. Ensuite, posez deux petits coups de pinceau de chaque côté des fleurs, avec de la terre d'ombre diluée.

Préparez un vert bleuté, en mélangeant de la terre de Sienne et du bleu cobalt. Ensuite, ajoutez un peu de terre d'ombre. Peignez les feuilles doucement en un ou deux coups de pinceau.
Peignez la branche, puis dessinez les nervures des feuilles et les fines tiges, avec un mélange de terre d'ombre et de gris de Payne.

Mésange bleue

Aquarelle 19 x 21 cm
sur papier MONTVAL 300 g

Jaune cadmium

Terre d'ombre

Rouge cadmium

Bleu cobalt

Terre de Sienne

Gris de Payne

Rouge carmin

Blanc

Esquisse N/B en page 63

1 PEINDRE L'OISEAU

Passez un léger lavis bleu cobalt dilué sur les zones colorées de la tête.

Peignez la poitrine en jaune de cadmium, puis en "mouillé sur mouillé", ajoutez de la terre de Sienne et de la terre d'ombre sur le ventre.

2 LE PLUMAGE

Prenez du bleu cobalt et peignez toutes les parties bleues du plumage, ainsi que les pattes.
Ensuite, mélangez de la terre de Sienne avec du bleu, pour obtenir le vert que vous poserez sur le dos.
Ajoutez un peu de carmin à du bleu cobalt, et peignez les plumes de l'aile.
Laissez quelques zones blanches, en utilisant la pointe du pinceau pour plus de précision.

3 LA BRANCHE DE HOUX

Dessinez l'œil et le dessous du bec avec du gris de Payne.
Prenez du bleu cobalt dilué, et passez un lavis autour de l'oiseau (laissez les traces de pinceau apparentes).
Peignez les feuilles de houx en mouillant la surface, puis posez des nuances vertes différentes. Mélangez du bleu cobalt avec de la terre de Sienne, puis du bleu avec du jaune. Jouez avec les mélanges.

4 FINALISER

Dessinez la branche avec de la terre d'ombre et un peu de bleu cobalt.
Passez un premier lavis sur les petits fruits avec du rouge de cadmium dilué.
Laissez un reflet blanc non peint.

Ensuite, passez un second lavis de rouge de cadmium plus intense.

Pour les ombres entre les boules, utilisez du carmin.
Pour les ombres les plus foncées, faites un mélange de carmin avec un peu de bleu cobalt.

ROUGE-GORGE

Esquisse N/B en page 64

Aquarelle 27 x 34 cm
sur papier MONTVAL 300 g.

● Vert de Hooker   ● Terre de Sienne

● Terre d'ombre   ● Rouge cadmium

● Bleu cobalt   ○ Blanc

● Jaune cadmium

Dans cet exemple, le dessin d'étude a servi pour la mise en place des différents éléments de la composition. L'idée est aussi de travailler la forme de l'oiseau et le regard, dans un style moins réaliste.

46

1 PEINDRE LE FOND

Humidifiez le papier rapidement en évitant l'oiseau et son
support.

Relevez légèrement votre planche
à dessin (ou le bloc de papier),
pour que l'eau puisse s'écouler
sans faire d'auréoles.

Passez un léger bleu cobalt dégradé sur le fond, en commençant en
haut de la feuille, et descendant
progressivement.

Profitez de l'humidité pour déposer
des touches de terre de Sienne sur
le bas, ainsi que des projections
de gouttes de rouge de cadmium.
Ceci va créer un décor à l'arrière
du sujet principal.

Laissez sécher complètement
avant de continuer.

2 PEINDRE L'OISEAU

Passez un lavis orangé (mélange de jaune et
de rouge de cadmium) sur la poitrine.
Puis, peignez avec de la terre d'ombre diluée sur le
haut de la tête et le dos.

Prenez aussitôt du bleu cobalt dilué et terminez l'oiseau en venant toucher les autres couleurs encore
mouillées.

3 LE VOLUME

Continuez à peindre sur le papier encore
humide afin d'accentuer la couleur du plumage.

Passez de la terre d'ombre sur le dos et la tête.
Ajoutez un peu de terre d'ombre entre l'œil et le bec.

Vous pouvez estomper du pigment pour faire sortir
des blancs, en utilisant la pointe d'un pinceau sec.

4 CONTRASTES ET DÉTAILS

Le papier étant sec, vous pouvez dessiner les détails des ailes et du bec.
Utilisez un mélange de bleu et de terre d'ombre, afin d'obtenir un gris chaud (en comparaison, le gris de Payne est beaucoup plus froid, d'où l'intérêt de créer des gris différents).
De la pointe du pinceau, indiquez le sens des plumes sur le ventre.

Prenez du gris de Payne pour peindre l'œil et le dessous du bec.

5 PEINDRE LA SOUCHE

Passez un lavis dilué, avec un mélange de terre d'ombre et de rouge de cadmium.
La couleur doit être très claire, presque transparente afin de conserver la lumière du papier au-dessous.
Profitez de l'humidité encore présente pour poser un peu de jaune puis du vert de Hooker dilué sur le haut de la souche.
Avec du bleu et de la terre d'ombre, dessinez de larges lignes sur l'écorce, puis peignez les feuilles en vert.

6 LA VÉGÉTATION

En mouillé sur sec, renforcez les parties ombrées de l'écorce, puis faites bien ressortir les feuilles de
erre avec un mélange de vert de Hooker et d'un peu de bleu.
essinez de longues herbes en arrière-plan, en diluant le vert foncé précédemment utilisé.
ontinuez d'ajouter des herbes avec de la terre de Sienne mélangée à un peu de terre d'ombre.

7 ÉTAPE FINALE

Laissez sécher parfaitement avant de continuer.
renez toujours un peu de recul avant de mettre la touche finale à votre peinture. C'est le moment d'ajouter
uelques touches de couleurs contrastées afin de faire ressortir le volume.
erminez en ajoutant un point de gouache blanche dans l'œil, pour indiquer l'éclat de lumière.
essinez quelques traits blancs sur les longues plumes de l'aile.

Rouge-gorge

Esquisse N/B en page 65

Aquarelle 21 x 24 cm
sur papier MONTVAL 300 g.

- Jaune cadmium
- Terre d'ombre
- Rouge cadmium
- Bleu cobalt
- Terre de Sienne
- Gris de Payne
- Rouge carmin
- Blanc

1

1 GOMME À MASQUER

Posez un peu de gomme à masquer pour protéger certaines parties blanches. Principalement le bord du pot, sur la neige, et les herbes sèches.

2 PEINDRE LE FOND

Mouillez le fond, à l'arrière-plan, puis passez lavis dégradé avec du bleu cobalt. Arrêtez au veau de l'angle du pot, et projetez quelques gouttes eau claire, pour donner un effet de matière. ontinuer immédiatement, en passant de la terre de enne diluée, qui va se diffuser dans le bleu.

3 LA NEIGE

Le papier étant sec, préparez un mélange de bleu cobalt dilué avec un peu de rouge carmin, afin d'obtenir un bleu avec une nuance mauve.

Peignez en indiquant les creux et le relief du sol. Le haut des bosses reste blanc.

4 LE PREMIER PLAN

Pour renforcer le volume du sol, vous devez accentuer le bleu et le mauve, afin de faire ressortir les nuances sol.
ar petites touches transparentes, accentuez les ombres dans les creux.

5 PEINDRE L'OISEAU

Mélangez du jaune et du rouge de cadmium, pour obtenir un orangé, qui va servir à peindre la face et la gorge de l'oiseau. Arrêtez de peindre au niveau de la poitrine, puis essuyez votre pinceau, et estompez un peu de pigment au bas de la couleur orange.

Rapidement (pendant que l'orange est encore humide), peignez avec du bleu cobalt dilué sur la partie gauche, et continuez avec de la terre d'ombre diluée.

Continuez en donnant du volume au rouge-gorge, avec des couleurs de plus en plus renforcées.

6 PEINDRE LE POT

Préparez de la terre d'ombre sur votre palette, en ajoutant une touche de rouge de cadmium.

Passez un lavis, en laissant quelques éclats blancs (petites zones non peintes).

Ajoutez de nouveau de la terre d'ombre à votre mélange, et peignez un second lavis sur la partie gauche du pot, ainsi que sous le rebord. Continuez de peindre le volume en ajoutant de la terre d'ombre.

7 LES HERBES SÈCHES

Terminez la peinture du pot, et laissez sécher.

...suite, enlevez toute la gomme à masquer, en frottant avec le doigt.

...ci fera apparaitre les petits paquets de neige, située dans les encorbellements des herbes.

...enez de la terre d'ombre diluée, et dessinez les fins traits des herbes, en utilisant la pointe du pinceau.

8 ÉTAPE FINALE

Peignez et dessinez les détails des pattes, de l'œil et du bec, avec du gris de Payne.

...essinez toutes les herbes folles situées au premier plan avec de la terre d'ombre.

...issez sécher, puis effacez les traits de crayon;

...enez ensuite de la gouache blanche, pour poser un point blanc dans la pupille, et un fin trait autour de l'œil.

...outez quelques touches dans le plumage, sur le dessus des doigts, et sur les feuilles.

Esquisses

(page 8)

(page 10)

Esquisses

Sittelle (page 16)

Chardonnerets (page 20)

Esquisses

Troglodyte (page 24)

Moineau (28)

Esquisses

Nonnettes (page 30)

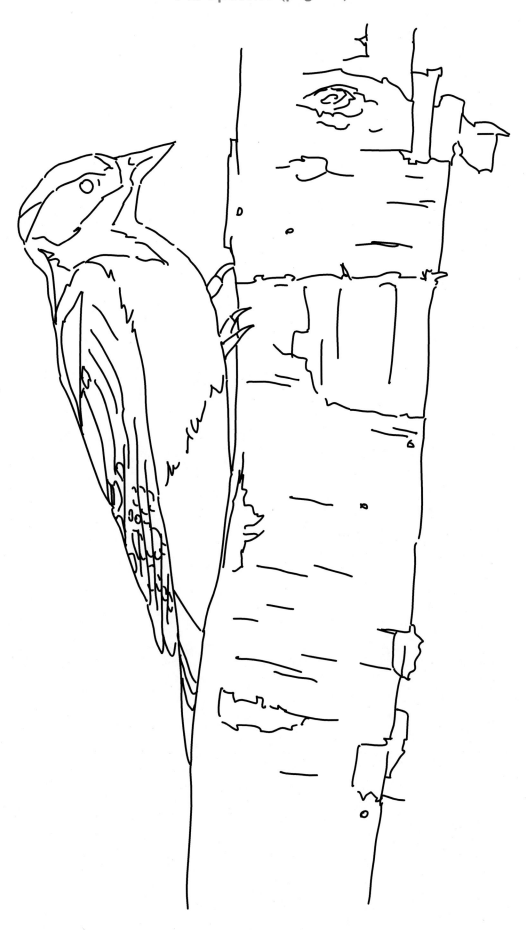

(pages 42 et 44)

Esquisses

Rouge-gorge (page 46)

+

tous les numéros

de la collection

sont disponibles

en numérique

Made in the USA
Middletown, DE
13 August 2022

71309551R00038